Bananas

Cover & Chapter Art by
Matt Van Scoyk

Written by
Carrie Toth

**Edited by
Carol Gaab**

ISBN: 978-1-64498-084-2

2 Stonewood Drive, Freeport, Maine 04032
info@FluencyMatters.com • FluencyMatters.com

A Note to the Reader

This compelling culture-packed, historical Comprehension-based™ reader is inspired by real events and the real life of 'Marito'. With 275 high-frequency unique words, it is an ideal read for intermediate Spanish students.

All words and phrases used to tell the story are listed in the glossary at the back of the book. Keep in mind that many words are listed in the glossary more than once, as most appear throughout the book in various forms and tenses. (Ex.: I go, he goes, let's go, he went, to go, etc.) Vocabulary structures that are low-frequency or that would be considered beyond an intermediate level are footnoted within the text, and the meanings are given at the bottom of the page where each first occurs.

We hope you enjoy reading your way to FLUENCY and learning a little about history in the process.

Acknowledgments

In the summer of 2019, I traveled to Costa Rica hoping to come away with a unit on United Fruit to use with my students. As I got to know our tour guide, Eric Salazar Mendez, I realized that his story needed to be told. Thank you, Eric, for sharing your memories from the banana plantation and your desire to fight for the rights of those affected by the use of Nemagón in Costa Rica.

Thank you Cindy Hitz, Jim Wooldridge, and Kristy Placido for being brutally honest readers of first drafts. Because of your honest feedback, I was able to create just the right story.

Thank you to Nelly Hughes and Marta Yedinak for working with me through the proofing process to help me find the path to a story that honors what students are able to read and understand while maintaining authentically rich and robust language.

Thank you to Pat and Carol for giving Eric's story the chance to reach others.

Most of all, thank you to my family for cheering me on as I worked to get the story on paper.

Índice

Prólogo

Cuando la gente piensa en los problemas de América Central, frecuentemente piensa en los problemas políticos. Piensa que la pobreza y los gobiernos corruptos causaron los conflictos que destruyeron las vidas de las personas y la economía de esos países centroamericanos…, pero no es así. Lo que realmente causó la inestabilidad en esa región fue una simple fruta: la banana.

En el año 1899, América Central y América del Sur tenían muchas plantaciones de fruta. Esas plantaciones eran privadas y su fruta era para la gente de la región. Un marinero[1], que visitó América Central, quería poder transportar bananas y otras frutas tropicales a la gente de Estados Unidos. Con el invento de la refrigeración, le fue posible.

Tres grandes compañías: Cuyamel, United Fruit y Vaccaro Brothers empezaron a adquirir territorios en América Central para cultivar bananas para el consumo de la gente de Estados Unidos.

Durante los años 50 y 60, hubo una explosión en la popularidad de la banana en Estados Unidos. Las bananas no costaban mucho dinero y además eran exóticas y deliciosas. ¡La banana se hizo muy popular en Estados Unidos! Para satisfacer la demanda, las compañías fruteras necesitaban más territorio para cultivar más fruta. Las compañías querían cultivar bananas y otras frutas a un costo mínimo.

En esos países pobres de América Central, las compañías fruteras formaron 'repúblicas bananeras'. Las compañías les ofrecieron dinero a los políticos centroamericanos para no tener que obedecer ciertas leyes ambientales[2]. A cambio, las compañías fruteras dedicaron mucho dinero a la infraestructura de esos países…, pero solo para su propio[3] beneficio.

Construyeron esa infraestructura para poder transportar las bananas en tren, en bote y en carro. También, en las plantaciones, construyeron escuelas, centros médicos y supermercados. Así, los empleados tenían todo

[2]*ciertas leyes ambientales - certain environmental laws*
[3]*su propio - their own*

lo que necesitaban sin salir de su comunidad, y las compañías fruteras podían controlar todos los aspectos de sus vidas.

Con el tiempo, más personas querían bananas y, por eso, las plantaciones necesitaban más territorio. El impacto humano y ambiental fue severo. Tuvieron que extraer[4] los árboles indígenas de las áreas planas[5] para plantar bananas y piñas. Esa deforestación resultó en la contaminación de los ríos con pesticidas. El agua estaba

[4]*extraer - to extract, take out*
[5]*planas - flat*

contaminada y muchos peces murieron. Además, la gente estaba respirando los pesticidas y todos, tanto adultos como bebés, sufrieron problemas respiratorios y de la piel.

En los años 70 y 80, las compañías empezaron a usar un nuevo pesticida que se llamaba Nemagón. Era un pesticida muy concentrado y afectó a todos los trabajadores. Muchos empleados murieron de cáncer o sufrieron hemorragias internas. Otra consecuencia del Nemagón fue la esterilidad de los hombres que lo tocaron. Además, muchos bebés nacieron[6] con defectos físicos porque sus madres tuvieron contacto con un compuesto químico llamado Dibromo Cloro Propano ($C_3H_5Br_2Cl$).

Esta es la historia de un niño que observó los abusos de las compañías fruteras y decidió dedicar su vida a proteger y educar a otras personas, así como a inspirar a las víctimas para que demandaran justicia.

[6]nacieron - they were born

Capítulo 1
Comunidad bananera, 1974

– ¡Mario! –me gritó mamá–. MARIIIIIIIITO… tenemos que irnos.

Mi familia se iba a ir a vivir a Guápiles, en la provincia de Limón, Costa Rica. Mis padres se estaban divorciando y mis hermanos y yo íbamos a vivir con mi madre en la casa de mi abuela mientras mi mamá buscaba un trabajo.

Agarré un pequeño paquete que contenía lo poco que tenía y corrí hacia mi madre. No quería irme a vivir a Guápiles. Tenía miedo. Me gustaba mucho la casa en la que vivíamos y también la vida que tenía en esa casa con mis 5 hermanos y con mi perrita, Rubí… ¡Todo iba a ser muy diferente en Guápiles! Ya habíamos visitado la casa de la abuela y era MUY pequeña. ¿Dónde íbamos a dormir? ¿Íbamos a poder llevarnos a Rubí?

– Pero mami…, no quiero vivir en Guápiles. ¿Por qué tenemos que irnos? –lloré.

— Mario, ya te lo he explicado. Nos tenemos que
ir a Guápiles a vivir con tu abuela. Vamos.

Ella me tomó de la mano, pero yo solo quería escaparme. Me fui corriendo de la casa.

Corrí hacia los árboles que estaban detrás de la casa
donde jugaba con mis hermanos todos los días y me subí
al más pequeño. Subí y subí hasta que no pude subir
más, pensando que mi familia no me iba a encontrar

nunca. Pero poco después, mi hermano Ricardo, que tenía 8 años, apareció a mi lado:

– Marito –me dijo mi hermano–, no tengas miedo. Vamos a vivir en una casa diferente, pero vas a estar conmigo. Siempre te voy a cuidar. Mamá siempre nos va a cuidar. Somos una familia.

– ¿Dónde vamos a dormir, Ricardo? La casa de la abuela es muy pequeña. ¿Vamos a abandonar a Rubí?

– Marito, la casa de la abuela es pequeña, pero vas a dormir conmigo. ¡Te va a gustar! Y además, Rubí va a vivir con nosotros. No tengas miedo –me dijo Ricardo.

– ¿Todo va a estar bien? ¿Me lo prometes?

Confiaba en Ricardo más que en nadie. Era mi mejor amigo.

– Te lo prometo, hermanito.

Me bajé del árbol y mi mamá se me acercó. Ella me tocó la cabeza con simpatía:

– Amor –me dijo–, yo sé que tienes miedo, pero este es el primer día de una nueva vida para nosotros. Yo necesito trabajar y hay muchos trabajos en la plantación bananera de Guápiles. Además, tu abuela me puede ayudar. Sin tu padre, ¡cuidar de todos ustedes es un trabajo de tiempo completo!

Solo tenía cuatro años, pero recuerdo claramente que no le respondí. Yo no entendía lo que me estaba pasando. La verdad es que mi mamá tampoco lo entendía, y ella tenía 32 años. Ahora sé que nuestra situación era

difícil para ella: un divorcio, el tener que cuidar de 6 niños sin la ayuda de su esposo, buscar trabajo por primera vez en su vida... Pero en ese momento no había otra opción. Así era nuestra realidad. Mi mamá me tomó la mano y me dijo:

> – Vas a ver, mi Marito..., vas a hacer muchos amigos en Guápiles. Y además vas a poder comer todas las bananas que quieras.

Recuerdo que al escuchar eso, sonreí. Me gustaban mucho las bananas.

La familia esta moviendo porque la madre necesito encontrar una nueva trabajo. Mario no quiere mover entonces escondió en los arboles. Mario tenia miedo sobre sus amigos, su perro, su casa y su familia. Ricardo y la madre console a Mario y recorde que hay muchas bananas en la plantación.

characteristicas: Mario, Ricardo (hermano), mamá, Rubí (perro)

Mario vive con su abuela porque su madre tenía trabaja en un restaurante y en la plantación. Ricardo, el hermano de Mario, sube un arbol de mango y consigue un mango para su hermano. Los niños son muy contentos en Guapiles porque hay muchos recursos, como un hospital, supermercado, y escuela en sus comunidad.

Capítulo 2

Mangos jugosos, 1977

Solo vivimos con mi abuela en mayo y junio. Mi mamá había encontrado un trabajo en una plantación bananera y otro en un restaurante y, al poco tiempo, tuvimos nuestra propia casa. Era pequeña, pero era nuestra.

Mis hermanos y yo jugábamos por todo el vecindario durante el día mientras mi mamá trabajaba en la plantación. Por las noches, mientras mi mamá trabajaba en el restaurante, nuestra abuela nos cuidaba. Nuestra mamá tenía que trabajar mucho. Aunque yo ya tenía 7 años y no necesitaba tanta atención, para mi mamá todavía era difícil cuidar de nosotros sin mi padre.

Un día, mi hermano Ricardo salió corriendo de la casa y me agarró del brazo.

– ¡No me puedes atrapar, Marito! –gritó, riéndose.

Me reí y empecé a correr detrás de él. Siempre corría lo más rápido posible, pero Ricardo era más rápido… y podía subir árboles como un jaguar. ¡Nunca lo podía atrapar! Pero no me importaba porque, cuando se me escapaba, se subía al árbol de mango y bajaba dos o tres para mí. Él era más grande que yo y mucho más rápido. Podía subirse hasta la copa de los árboles, y todos sabemos que los mangos que están en la copa del árbol son los mejores.

Por unos minutos, corrí tan rápido como me fue posible y, entonces, me senté en el suelo, exhausto.

– ¡Me he escapado! –gritó Ricardo. Caminó hacia mí, me tomó de la mano y me ayudó a levantarme.

– Casi me atrapaste, Marito. Continúa tratando y, algún día, ¡lo vas a lograr!

Ricardo caminó hacia el árbol de mango y empezó a subir. Yo lo observé hasta que llegó a la copa y empezó a tirarme[1] los mangos grandes y jugosos. Me reí tratando de escaparme de la fruta.

Cuando Ricardo se bajó, yo le tiré una fruta. ¡Como lo admiraba! Era mi héroe. Siempre nos sentábamos debajo del árbol comiendo mangos y observando a nuestra perrita, Rubí. A veces, ella trataba de atrapar iguanas, pero las iguanas siempre eran más rápidas. ¡A Rubí no

[1]tirarme - to throw to me

14

le gustaban las iguanas para nada! Para ser honesto, a Rubí no le gustaban los otros animales. Era muy mala con ellos.

Mis hermanos y yo estábamos muy contentos en Guápiles. Íbamos a la escuela todos los días y teníamos muchos amigos. Nuestra comunidad bananera tenía un hospital, un centro médico y un supermercado…, todo lo que necesitaban las familias de los trabajadores. Pero lo que más nos gustaba a mis hermanos y a mí eran las bananas. Teníamos todas las bananas que queríamos.

Capítulo 3
Lo que hay en el aire, 1979

¡Maestra! ¡A Manny le está sangrando la nariz!

Todos nos levantamos y corrimos hacia el pupitre de Manny. Formamos un círculo cerca de nuestro amigo. Lo que le estaba pasando no era nada inusual. No teníamos miedo…, estábamos fascinados. Todos teníamos problemas respiratorios y las hemorragias nasales eran parte de la vida en la comunidad bananera.

– ¡Maestra! ¡Hay mucha sangre! ¡Es como una

masacre! –gritó un muchacho.

– ¡Qué horrible, Manny! –gritó una muchacha–. ¡No quiero ver tu sangre!

La maestra se le acercó a Manny con unos pañuelos desechables[1] en la mano.

– ¡Sepárense, niños! Manny, mira al suelo. Aplícate un poco de presión en la nariz y mira al suelo –le dijo con calma. Ella tampoco estaba alarmada. No sabíamos que esto era anormal.

– Chicos –ella nos dijo, levantándose–, regresen a sus pupitres.

No queríamos regresar a nuestros pupitres. Impaciente, ella nos preguntó:

– ¿Quién recuerda quién era el presidente de Costa Rica en 1835?

Todos levantamos la mano. Habíamos memorizado todos los presidentes.

– Isabel –le dijo la maestra a una de las muchachas de mi clase.

– Braulio Carrillo, maestra –le respondió Isabel con confianza–. ¡Como el parque nacional!

– Sí, muy bien, Isabel. Y…

[1]*pañuelos desechables - tissues (disposable handkerchiefs)*

17

En ese momento, escuchamos el «brrrum» de un motor. Era un avión. Los aviones trabajaban casi todos los días y a nosotros nos gustaba mucho observar sus movimientos acrobáticos.

Todos corrimos hacia la puerta para ver el avión. El avión descendió hacia los bananos y en ese momento una puerta pequeña se abrió. Cuando se abrió la puerta, salió un polvo[2] amarillo y fino que protegía la fruta de

[2]*polvo - dust*

los insectos que abundaban en el clima tropical costarri-
cense. Había polvo amarillo por toda nuestra comunidad: en los carros, en las casas y hasta en el agua
potable[3].

    – Niños, a sus pupitres –nos dijo la maestra con
      voz firme–. Ya han visto muchos de esos avio-
      nes. ¡Concéntrense, por favor!

Regresamos a nuestros pupitres y la maestra empezó
a hablar animadamente mientras Manny trataba de capturar con un pañuelo desechable la sangre que le salía
de la nariz.

Los más pequeños, como yo, íbamos a la escuela por
las mañanas, y los más grandes, como Ricardo, iban por
la tarde. Salíamos de clases a las 12, pero antes de salir,
nosotros teníamos 30 minutos para jugar. Después de
jugar, nos íbamos a la cafetería, donde la madre de uno
de los estudiantes nos preparaba la comida. Aunque nos
servían comida diferente todos los días, siempre nos servían bananas.

Manny hice un sangrado la nariz, causando un pánico
en los estudiantes. Luego, un avión de acrobatico aparecer
y distraer los chicos. Esto causa la maestra esta enojada,
desde ellos olviden Manny.

[3]agua potable - drinking water

Capítulo 4
Banana zipline, 1980

– ¿Qué, Ricardo? ¿Está bien? ¿Y si nos ven?

– Marito, confía en mí. Está bien. Te va a gustar
muchísimo. ¡Ya tienes 10 años! ¡Va a ser tu primera aventura con 'los grandes'!

Siempre confiaba en lo que me decía mi hermano,
así que caminé con él hacia la plantación bananera
donde trabajaba nuestra madre. En realidad estaba muy
contento. Normalmente cuando Ricardito salía con
Tomás, mi hermano mayor[1], no me invitaban porque decían que era muy pequeño. Pero, por fin, este día, ¡querían que yo fuera con ellos!

– Agárralos –me dijo Tomás, pasándome unos
palos de bambú.

– ¿Por qué necesitamos todo este bambú, Tomás?
–le pregunté.

[1]mayor - older

– ¡Porque vamos a hacer una hamaca de bambú!
—me respondió Ricardo con una gran sonrisa–.
¡Vamos a explorar la plantación desde nuestra
hamaca de bambú!

Quería explorar con ellos. Quería ser grande como
ellos. Tenían 14 y 16 años. ¡Eran casi adultos!

Cuando llegamos a la plantación, mis hermanos me
llevaron a donde había un cable enorme.

– Mira, Mario, los trabajadores usan este cable para transportar las bananas. Usan estos aparatos de metal para lograr mover las bananas de un lado de la plantación al otro…, pero ahora vamos a usarlos para movernos a nosotros de un lado al otro –me dijo Tomás con una sonrisa.

Tomás agarró un círculo de metal y lo conectó al cable. Ricardo agarró el otro círculo y lo conectó. Entonces empezamos a formar una 'hamaca' con el bambú que habíamos transportado desde la casa. Cuando logramos construirla, me pasaron un palo y me subieron a la hamaca. Ricardo se subió detrás de mí y Tomás detrás de él.

– Así –me dijo Ricardo, mientras usaba el palo para mover la 'hamaca' como si fuera un bote.

Fue una aventura increíble. Pasamos horas viajando varios kilómetros en esa 'hamaca' de bambú. Vimos toda la plantación. Cuando llegamos a un valle, vi que el cable continuaba hacia el otro lado de la plantación…, pero yo no quería ir.

– Ricardo, no quiero continuar. No vamos a pasar al otro lado, ¿verdad?

– No tengas miedo, Marito. Está bien. Tomás y
 yo pasamos mucho por aquí. Al otro lado hay
 un árbol de mango. Si continuamos, ¡puedo
 subirme a la copa para buscar los más jugosos!

– ¿Pero cómo vamos a pasar? No podemos usar
 los palos.

23

Tomás sonrió y agarró el cable. Empezó a mover la 'hamaca' usando las manos. Ricardo también agarró el cable y empezó a movernos hacia el otro lado.

Casi habíamos logrado llegar al otro lado cuando, de repente, escuché un ¡CRAC! y la 'hamaca' desapareció debajo de nosotros. Por un momento, parecía que estábamos flotando, pero era una ilusión. En un abrir y cerrar de ojos, estaba a tres metros debajo de mis hermanos, en el suelo y sin aliento[2]. Ricardo y Tomás estaban agarrados del cable, pero cuando Ricardo me vio, descendió rápidamente hacia mí. Me agarró y me tomó la mano.

– ¡Marito! ¡MARITO! ¡Respira!

Traté de inhalar, pero no pude. Sentía que no podía respirar.

Tomás descendió al lado de nosotros y me tomó la otra mano mientras Ricardo me ayudaba a calmarme. Poco a poco, me fui calmando y empecé a llorar.

– Estás bien, Marito –me dijo Ricardo, nervioso–. Estás bien, hermanito. Estoy contigo.

[2]*sin aliento - breathless; the wind knocked out of him*

Cuando logré levantarme, empezamos a caminar. El regreso a casa fue difícil. Me dolía todo y, sin los círculos de metal y el bambú, ya no pudimos construir otra hamaca. ¡Tuvimos que caminar una gran distancia! ¡Casi no pude lograrlo!

Llegamos muy tarde a casa y mi mamá estaba furiosa con mis hermanos.

– ¿Qué estaban pensando, llevándose a Marito con ustedes? ¡¿O no estaban pensando?! ¡Podría haber muerto! ¡A dormir!

– Pero mamá…, no hemos comido na…

– ¡A dormir! ¡No van a comer nada! ¡Van a reflexionar!

– Pero ma….

– ¡A dormir! Y no quiero escuchar nunca más que ustedes juegan en los cables para las bananas.

Mario, Tomas, y Ricardo fue a la plantacion bananera. Ellos explora y sonrió y agarro el cable. Aqui, mario cayó y no puede respirir. Cuando ellos fue a su casa, su mamá estaba furiosa.

Capítulo 5

Una visita inusual, 1981

– ¿Quiénes son? –me preguntó Manny, mirando a los hombres que estaban en la puerta del salón de clases.

– No sé –le respondí–. Es posible que sean voluntarios. Posiblemente van a hacer un proyecto en la escuela como los que hacen los canadienses.

– Es obvio que son espías –murmuró Isabel–. Son del gobierno y quieren saber si estás haciendo tus problemas de matemáticas… Ji, ji, ji.

– ¡Muchachos! –nos gritó la maestra–. No hablen y trabajen en los problemas de matemáticas.

No podíamos concentrarnos en los problemas de matemáticas que teníamos en los pupitres, solo podíamos concentrarnos en los hombres que estaban en la puerta hablando con la maestra. ¿Quiénes eran? ¿Qué querían?

La maestra cerró la puerta y se acercó al pupitre de Manny. Ella le tocó el brazo y le dijo:

– Manny, esos hombres son de una clínica de San José. Quieren hacerte algunas preguntas. Están en la oficina.

Manny me miró. Vi que estaba nervioso. Se levantó y caminó hacia la puerta. Antes de abrirla, miró a la maestra y le preguntó:

– Pero ¿por qué quieren hablar conmigo?

– Quieren hablar con todos ustedes…, en orden
alfabético…, y tú te llamas Manuel Álvarez.

¿Querían hablar con todos nosotros? ¿Por qué? La
curiosidad me estaba matando. Traté de concentrarme
en los problemas de matemáticas, pero solo podía mirar
hacia la puerta anticipando el regreso de mi amigo.

Cuando Manny entró, anunció el nombre de otro
muchacho, David Anaya. Regresó a su pupitre y se sentó.

– ¿Qué querían? –le pregunté.

– Solo querían hacerme unas preguntas. No te
preocupes.

Pasaron 30 minutos y, por fin, me llamaron a mí a la
oficina. Nervioso, fui a la oficina y vi a dos hombres sentados. Tenían varios papeles que parecían oficiales.

– Hola, Mario, solo necesitamos hacerte dos o
tres preguntitas. ¿Está bien?

– Sí, está bien –les respondí.

– ¿Cuántos años tienes, Mario? –me preguntó el
primer hombre.

– Tengo 11 años.

– Mario, ¿tienes dolores de cabeza? –me preguntó el otro hombre.

– ¿Dolores de cabeza? Ummm... Sí... A veces –estaba confundido.

– No te preocupes Mario, los dolores de cabeza infrecuentes son completamente normales –me dijo uno de ellos.

– Y, ¿tienes dificultad para dormir? –me preguntó el otro.

– Para dormir…, no, duermo bien.

– Excelente, Mario. Solo tenemos una pregunta más. ¿Has notado problemas con tu apetito?

– ¿Con mi apetito…? Ummm… No sé. Me gusta comer.

– Muy bien, Mario. ¿Te gusta vivir aquí, en la plantación? Te gustan las bananas, ¿o no?

– Sí, señor. Me gusta vivir en Guápiles… y también me gustan las bananas.

Dos hombres oficiales preguntarse a Manny preguntas para su vida y saludo. Los hombres tienes papeles oficiales para tos el contaminacion ~~pesett~~ pestecida.

Capítulo 6
Otra visita interesante, 1981

– Mario, tu maestra te recomendó para un programa especial. La Asociación Preservacionista
de Flora y Fauna Silvestre (APREFLOFAS)[1]
quiere trabajar con un grupo de estudiantes
prometedores[2] del 5° grado para hacer un club

[1]*La Asociación Preservacionista de Flora y Fauna Silvestre
(APREFLOFAS) - The Conservation Association of Flora &
Fauna*

[2]*prometedores - promising*

ecológico en la escuela. ¿Te interesa?

– Sí, señor Arias, me gustaría ser uno de los miembros –La maestra tenía razón; yo era uno de los estudiantes más prometedores de la escuela, pero todo lo hacía para impresionar a mi hermano. A Ricardo le fascinaba estudiar el medio ambiente y yo sabía que estaría impresionado al escuchar que yo iba a ser miembro de la APREFLOFAS. Siempre quería que Ricardo estuviera orgulloso[3] de mí–. ¿Qué es lo que tengo que hacer?

– En realidad, lo que ellos van a hacer me parece muy interesante, Mario. La APREFLOFAS va a visitar la escuela y va a hablar con los estudiantes sobre el medio ambiente, la flora y la fauna de la región. Como quieres ser biólogo, me parece que va a ser el club perfecto para ti.

Sonreí y le dije:

– Sí, este programa va a ser perfecto para mí.

---

[3]*orgulloso - proud*

El día de la primera reunión del club ecológico, una muchacha entró al salón con los representantes de la APREFLOFAS. Ella se presentó:

– Hola, me llamo Maya. Soy una de las fundadoras del club ecológico de Cariari, y voy a ayudarles a ustedes a establecer el club.

Maya y los representantes hablaron mucho sobre la deforestación cerca de las plantaciones bananeras y nos explicaron cómo esa deforestación descontrolada había causado muchos problemas de erosión. Cuando las plantaciones se erosionaron, los pesticidas que usaron en las bananas, y que ya estaban prohibidos en Estados Unidos, entraron al agua y la contaminaron. Poco a poco iban cambiando la condición del agua y el balance ecológico natural.

> – Mario –me dijo Maya–, tu maestra nos dijo que eres el muchacho ideal para ser el presidente del club. ¿Quieres trabajar conmigo?

No lo tuve que pensar ni un minuto. Quería trabajar con ella.

> – Me gustaría mucho, Maya.

Quería estudiar todo sobre los problemas ambientales causados por las plantaciones. ¿Era verdad que la gente estaba sufriendo a causa de las bananas?

Un hombre de APREFLOFAS va a hablar con Manny sobre este grupo de ~~SMA~~ medio ambiente. Una chica, Maya, de este grupo dice que la problema de deforestacion en las selvas cerca de los plantaciones bananeras.

Capítulo 7
El agua es vida, 1982

– Marito, ¿estás despierto? –Ricardo entró a mi dormitorio.

– ¿Qué pasa, Ricardo? –le respondí, confundido–. Es de noche.

– No, hermanito, es muy de mañana. Vamos a ir

de pesca..., tú y yo, solos.

– ¿No vas con Tomás? –le pregunté con entusiasmo.

Normalmente Ricardo y Tomás iban de pesca y mis hermanas me cuidaban. Ellos frecuentemente pasaban todo el día pescando en el río, comiéndose los peces que atrapaban y jugando. Yo siempre había querido ir, pero ellos nunca me habían invitado.

– Tomás tiene que ayudarle a mamá y yo quiero ir contigo. Tienes 12 años. ¡Ya eres grande!

Me levanté y me preparé para salir silenciosamente. ¡Qué emoción! ¡Yo iba a ir de pesca con mi hermano! Mamá siempre estaba orgullosa cuando Ricardo y Tomás atrapaban peces. Ella los preparaba para toda la familia y, esta vez, ella iba a estar orgullosa de mí.

Ricardo y yo caminamos hacia el río. Vimos unos camarones pequeños cerca del agua y atrapamos varios. Los íbamos a usar para atrapar peces. Cuando éramos niños, habíamos tratado de comerlos, pero un pescador nos explicó que esos camarones no eran comida. Nos dijo que los camarones estaban contaminados con los pesticidas de las plantaciones bananeras.

Con los camarones en un paquete pequeño, continuamos hasta el sitio preferido de Ricardo y de Tomás y nos sentamos con las cañas de pescar[1]. Vi dos o tres peces flotando en el agua.

– Ricardo, ¡mira! ¡Peces muertos!

Ricardo se me acercó con curiosidad.

– ¡Tomás y yo siempre vemos peces muertos! ¡Es parte del ciclo de la vida!

[1]cañas de pescar - fishing poles

Yo sonreí. Ricardo era muy inteligente. En realidad, él era el estudiante más inteligente de su clase. Después de graduarse, quería ser biólogo. Yo quería ser como él.

Pasamos varias horas al lado del río y atrapamos varios peces. A las 12:00 p. m., necesitábamos comer y Ricardo empezó a preparar los peces. Mientras él los preparaba, yo caminé hacia el río. Vi que había una pequeña laguna. Caminé hacia la laguna y miré el agua. Había muchos peces muertos…, flotando. Estaba fascinado.

– Ricardo… ¡MIRA! Hay más peces. ¡Tienes que verlos!

– Quiero comer, Marito –me dijo con una sonrisa–. Después podemos ver los peces.

Caminé hacia él y me senté a su lado. Él me pasó un poco de pescado y una de las bananas que tenía. Empezamos a comer.

El pescado estaba delicioso. Ricardo y yo nos comimos dos peces enteros y cuatro bananas. Después, nos levantamos y caminamos hacia la laguna. Cuando Ricardo vio los peces muertos, me dijo:

– ¡Ay, cuántos peces! ¡Hay 30 o más!

– ¿Qué les pasó?

– No sé, hermanito. Podemos preguntarle a
Tomás cuando lleguemos a la casa. ¿Está bien?

– Sí –le respondí–. Tomás probablemente sabe
qué pasó. ¡Es más grande que tú, Ricardo!

41

Caminamos al lado de la laguna por mucho tiempo, investigando los peces muertos. Parecían normales. No había evidencia de que otro animal los hubiera atacado. ¡Era un gran misterio!

Caminamos hacia el sitio donde habíamos pescado y agarramos las cañas y los otros peces. Pero… yo no me sentía bien. Tenía náuseas.

Realmente, me sentía muy mal. Miré a mi hermano y vi que él tenía una mano en el estómago.

- Marito… –empezó a hablar, pero en ese momento se sentó en el suelo y empezó a tener convulsiones. Yo fui hacia él.

- Ricardo…, Ricardo… –estaba nervioso y pensaba: «¿Mi hermano está bien?».

- ¿Qué puedo hacer? ¿Ricardo…? –y empecé a llorar. Él no me respondió, tenía una línea de saliva que corría hacia el suelo, estaba teniendo convulsiones muy violentas y también estaba vomitando. Cuando vi el vómito, yo también quise vomitar.

Me levanté y me agarré el abdomen que ahora me estaba doliendo muchísimo.

– Ricardo, voy a buscar ayuda –le dije y empecé a correr solo hacia nuestra casa.

Yo estaba tan enfermo que no podía correr más de un metro sin vomitar. Me tomó mucho tiempo llegar a la casa. Cuando Tomás y mamá me vieron enfrente de la casa, salieron corriendo, y mamá gritó alarmada:

– ¿Qué te pasó? ¿Dónde está Ricardo? ¿Estás
bien?

– Ricardo está... el río... –les dije y me colapsé,
llorando y vomitando, enfrente de la casa. Mi
abuela salió de la casa y empezó a cuidarme.
Mi madre y Tomás desaparecieron.

– Comimos pescado y bananas... –murmuré... Y
ya no pude recordar nada más.

Ricardo y marito van a pescar en la mañana.
Ellos caminan a el rio, y usan camarones para
arrapan las peces. Ellos vi algos peces muertos
en el rio, pero Ricardo dije que es normalmente.
Cuando Ricardo prepara peces para comer, Mario
camina a una laguna pequeña. Fue mas peces
muertos en la laguna, pero Ricardo quiere
comer. Cuando ello vi los peces, ello no se que
pasa, y no fue evidencia que no es normalmente.
Ellos siente muy en nausea y enfermo. Ricardo
tiene convulsiones y vomitar.

Capítulo 8
Lo inconcebible, días después, 1982

Cuando abrí los ojos, mi madre y Tomás ya habían regresado. Ellos estaban nerviosos. Traté de escuchar lo que decían, pero estaba tan enfermo que me era difícil hacerlo.

– … envenenado… compuestos químicos…

– …esa plantación irresponsable…

–… mató casi todos los peces…

– …Ricardito tuvo una reacción más severa…

Me dormí, no sé por cuánto tiempo y cuando me desperté, todo estaba negro. No escuchaba nada en la casa ni tenía energía para levantarme. Vomité, pero estaba tan enfermo que no podía llamar a mi mamá. Solo podía pensar en la expresión de mi hermano mientras tenía convulsiones en el suelo. Empecé a llorar.

Me dormí otra vez y, cuando me desperté, ya me sentía un poco mejor. Tenía un pijama diferente y mi mamá estaba en mi dormitorio. Ella tenía los ojos rojos…, probablemente de llorar. Se acercó y se sentó a mi lado.

– Marito… –ella empezó a hablar–. ¿Estás despierto? ¿Ya te sientes mejor? Estuviste delirando durante días.

– Sí, ya estoy un poco mejor, mamá… ¿Cómo está Ricardo? ¿Todavía está enfermo?

– Amor…, Ricardo… –ella miró al suelo, era obvio que estaba llorando–. Tu hermano sufrió una… una reacción… severa. Él… él… ha muerto.

– ¿Está muerto? –Eso era imposible–. Mamá…
–lloré–, ¿por qué Ricardo murió y yo no? ¿Con
quién voy a jugar? ¿Quién me va a cuidar?

– Marito, no sé…, no lo entiendo. La muerte de
un niño… no es justo… –Ella hizo una pausa,
me tomó la mano y me miró a los ojos–. Tus
hermanos, tu abuela y yo te vamos a cuidar.
Como siempre.

– Pero Ricardo… –le dije, mientras cerraba los ojos. Lloré y lloré y, en pocos minutos, me dormí.

Durante dos días, mi familia y los vecinos llegaron con todo el dinero extra que tenían para ayudarnos con el funeral. Yo estaba increíblemente triste. Mi hermano estaba muerto.

El día del funeral todos nos reunimos en nuestra casa. Mi familia estaba comiendo y hablando de sus memorias con Ricardo, pero yo no podía. No podía pensar en mi hermano porque, cuando cerraba los ojos, veía cómo se moría sin que yo pudiera ayudarle.

Dos días después del funeral, caminé hacia el sitio donde mi hermano se había colapsado. Nuestras cañas de pescar todavía estaban al lado del río como si nos estuvieran esperando. Los peces muertos ya no estaban, pero todos sabíamos que el agua del río estaba envenenada. En la plantación hubo un derrame[1] de un compuesto químico que lo había envenenado por completo. Íbamos a necesitar muchos años para poder recuperarnos de los efectos del accidente. Y de la muerte de Ricardo… nunca iba a recuperarme de eso.

---

[1]*un derrame - a spill*

Me senté en el suelo y empecé a cavar. Cavé y cavé hasta que hice un hueco[2] tan grande como las cañas de pescar. Las enterré[3] al lado del río; ya nunca más quería ir de pesca. Siempre me iba a hacer pensar en las convulsiones de Ricardo y en cómo estaba vomitando bananas.

Los peces causan envenando en los niños. Ricardo tuvo un reacción severo y ello muerte. La gente llegaron dinero para su funeral. Durante el funeral, Mario siente muy descansada. Despues de funeral, ello va a el sitio donde Ricardo colapsada. Ello realiza que los plantaciones derrama los pesticidas en el rio y las peces muerto por que este.

[2]hueco - hole

[3]las enterré - I buried them

49

Capítulo 9
La voz de la comunidad, 1986

– Sí, sí… Tienes que mencionar los problemas respiratorios que tenemos, pero también hay que mencionar los efectos más severos. –Maya tomó el papel de las manos de Manny, mi amigo, y otro miembro del club ecológico de Guápiles–. Si vamos a escribirle una carta al presidente, necesita ser más... impactante.

– Entonces, Mario tiene que escribirla. ¡Él puede hablar de Ricardo! –gritó Manny.

Todos en el salón me miraron paralizados. Nadie mencionaba a Ricardo enfrente de mí. Sabían que, aunque habían pasado casi cuatro años y ahora yo tenía 16, todavía estaba sufriendo por su muerte. Me sentía tan culpable. ¿Por qué no había insistido en que no comiéramos el pescado? ¿Por qué él murió y yo no?

Maya me miró con simpatía y me dijo:

– Manny tiene razón, Mario. Si tú no hablas, ¿quién va a hacerlo? ¿Qué pensaría Ricardo?

En ese momento sentí que la furia que siempre trataba de extinguir iba a explotar. ¿Quién era Maya para decirme eso? ¡Ella no sabía nada de Ricardo!

– Tú no entiendes, Maya. No entiendes nada. No voy a hablar de Ricardo. Todavía me duele su muerte. ¿Por qué Manny no habla de su madre? ¿O Sofía de su abuela? ¿O tú, Maya? ¿Por qué tú no hablas de tu padre?

Empecé a caminar hacia la puerta porque quería irme, pero Maya me agarró del brazo.

– Porque ellos son adultos, Mario. Ricardo era un adolescente. La gente puede ignorar el problema cuando tiene que ver con los adultos, pero cuando afecta a un niño… El presidente te tiene que escuchar. Tienes que decirle tu historia. Tienes que hacerlo por tu hermano. Tú puedes hacer que su sacrificio ayude a los otros residentes de Guápiles… y de toda Costa Rica.

– ¿Y qué voy a escribir, Maya? ¿Que no comimos los camarones por lo que nos dijo el pescador, pero que nunca se nos ocurrió no comernos los peces? ¿Que mi hermano tuvo una reacción severa a los compuestos químicos que había en el agua por el accidente de la plantación? ¿Que pensábamos que todo estaba bien aunque había muchísimos peces muertos en el río? Van a decir que yo tengo la culpa.

Maya me miró con simpatía y me dijo:

– Sí, Mario, vas a escribir eso. Vas a escribir todo eso…, pero tú no tienes la culpa. Las compañías fruteras tienen la culpa. Costa Rica necesita reformas y, sin nosotros, ¿quién va a hablar de lo que está ocurriendo? Tienes que ser tú.

Estimado Presidente Arias,

Me llamo Mario Méndez y le escribo de parte
de los clubes ecológicos de Guápiles y Cariari, de la
provincia de Limón. Nosotros somos estudiantes
interesados en la ecología de nuestro país y estamos
muy preocupados por lo que las plantaciones
bananeras le están haciendo a esta región.

Un día, cuando tenía 12 años, fui de pesca con mi hermano. Vimos varios peces muertos en el río, pero mi hermano me dijo que era normal, que los peces a veces morían así. Pero lo que le pasó a él no fue nada normal. Comimos dos de los peces del río y nos enfermamos. Yo vi cómo mi hermano tenía convulsiones porque había sido envenenado por la compañía frutera. Casi me mató a mí también.

Los adultos que trabajan en las plantaciones sufren de cáncer y de otras enfermedades serias. Hay varios niños ciegos[1], y todos tenemos problemas respiratorios y de la piel. El gobierno tiene que intervenir. Tiene que defendernos de estos abusos.

No es solo el impacto humano. Los ríos se están muriendo. Muchas personas tienen la idea de que un río es solo agua pero no es así. Es un sitio con mucha vida. Tenemos que protegerlo.

[1]ciegos - blind

Queremos que nos ayude, Señor Presidente.

Necesitamos leyes que protejan a la gente que vive

en las plantaciones y también necesitamos que pro—

tejan la flora y la fauna de nuestro precioso país.

No es justo que se estén destruyendo todas estas

vidas por unas simples bananas.

Espero su respuesta, atentamente[2],

Mario Méndez

y los miembros de los clubes
ecológicos de Guápiles y de Cariari

En el clud de medio ambiente, los amigos de Mario
fue discutir sobre las problemas de envenando de
pestecidas. Ellos dicidieron que necesita escribir una
carta al Presidente. Ellos quieren que Mario escribe
la carta, pero ello no se que escribir. La simpatía
de Maya se motivate Mario para escribir sobre su
hermano y las pestecidas de los plantaciones.

---

[2]*atentamente - sincerely*

Capítulo 10
El congreso, 1986

– ¡Mario! –gritó Maya con entusiasmo mientras
entraba a la reunión del grupo–. ¡No te puedes
imaginar lo que ocurrió! ¡Recibimos una carta
del presidente! ¡Vamos a ir a la Casa Presidencial!

¿Qué? ¿Era posible? El presidente había recibido
nuestra carta. ¿Nos había invitado a la capital?

– ¿QUÉ? ¿El presidente?

– ¡Sí, Mario! Mira –ella me pasó una carta. Vi el papel oficial del presidente, Óscar Arias.

– ¡Quiere que hablemos con la Asamblea Legislativa! ¿Qué vamos a hacer?

– Vamos a ir… ¡Mario! ¡Claro que vamos a ir! ¡Por fin, vamos a poder hablar! ¡Ellos nos van a escuchar!

– Y… ¿quieren que yo hable? ¿Que yo hable de Ricardo? –le pregunté. Ya sabía la respuesta. Yo iba a ser el representante del grupo…, y estaba nervioso. Para mí fue muy difícil escribir la carta. No vieron cómo lloraba mientras la escribía. Me parecía imposible hablar en frente de toda la Asamblea Legislativa sin llorar.

– Tienes que hablar. Estaremos a tu lado, pero tú eres la voz de nuestro grupo. Usa toda la furia que sientes por la muerte de Ricardo, para convencerlos de que les tienen que demandar a las compañías fruteras que respeten las leyes. Tienen que ver que las plantaciones no pueden continuar con sus prácticas tóxicas.

Ella tenía razón. Era posible que la muerte de Ricardo pudiera convencer a los legisladores de que había muchos problemas en las comunidades bananeras.

– Mario –ella me tomó la mano–, me dijiste que cuando eras un niño, dos hombres de la capital visitaron tu escuela y te hicieron varias preguntas. Que te hicieron preguntas insignificantes. ¿Entiendes? Ellos te hicieron esas preguntas insignificantes para poder convencer a los oficiales de que no había problemas en Guápiles. No te hicieron análisis de sangre ni te preguntaron por los síntomas respiratorios que todos tenemos. Ellos no querían confirmar evidencia de un problema. Esta es nuestra oportunidad…

– Yo sé. Tengo que hacerlo.

Los días antes de la visita, practiqué muchísimas veces lo que iba a decir. Maya me vio contento, triste y furioso tratando de comunicar lo que para mí significaba la vida de Ricardo. El día de la visita, estaba preparado. Maya y yo fuimos a la Casa Presidencial con dos amigos

y con una de las representantes que fundó la organización. Comimos con el presidente y, después, él nos llevó frente al congreso. Me llevaron frente al micrófono y, en ese instante, la vida de mi hermano pasó frente a mis

ojos. Vi su sonrisa, vi los mangos jugosos que me bajaba
de la copa de los árboles y vi el futuro que él nunca tuvo.
Miré a las personas del congreso y empecé a hablar.

Señores diputados[1], me llamo Mario Méndez y soy de Guápiles, de la provincia de Limón. Les tengo una pregunta… Para ustedes, ¿cuánto vale una vida? Uno puede calcular el valor económico de una persona o el valor de sus posesiones…, pero ¿cuánto vale esa persona? La verdad es que la vida no tiene precio. La vida de mi hermano no tenía precio. Es por él que estoy aquí, frente a ustedes. Estoy aquí porque él no puede estar aquí. Estoy aquí porque le robaron su futuro. No puede ser biólogo. No puede ir de pesca con sus hermanos. No puede causarle problemas a su madre. Era mi héroe y ya no lo tengo…, y quiero justicia.

Cuando tenía 12 años, fui de pesca con mi hermano Ricardo. Fuimos al río que está al lado de la plantación bananera en Guápiles. Ricardo tenía 16 años y yo lo admiraba más que a nadie. Ese día, atrapamos muchísimos peces, pero lo que no sabíamos era que hubo un accidente en la plantación y galones de pesticida habían entrado al agua. Fue por eso que los peces no pudieron escapar y así atrapamos muchos peces. Mi hermano y yo nos los comimos y, como resultado, mi hermano murió.

[1]*diputados - members of the legislature*

Han pasado cuatro años y la plantación continúa funcionando. Mi familia no ha recibido nada por su sufrimiento. La plantación todavía continúa destruyendo nuestras comunidades y la gente todavía se está enfermando.

En nuestro país, parece que la fruta vale más que el medio ambiente[2], que vale más que nuestros padres, que nuestros abuelos…, o que mi hermano. Las plantaciones bananeras destruyen los árboles y, con ellos, los hábitats de los animales. Las plantaciones usan pesticidas que causan cáncer, problemas respiratorios y hemorragias internas. No tienen conciencia y el gobierno los ayuda. Los ayuda a matar a su propia gente.

Estamos aquí para protestar. Para protestar por los efectos ambientales que las compañías fruteras causan en las plantaciones. Para protestar por las enfermedades, los abusos y las muertes de nuestras queridas familias. Para proclamar que la vida de mi hermano valía más que la exportación de bananas.

En ese momento, mis amigos se levantaron y empezaron a aplaudir. Un legislador tomó el micrófono y yo fui a sentarme con el presidente. Él se levantó y fue al

[2]*medio ambiente - environment*

micrófono para responder a mis comentarios.

Fue una noche increíble. El presidente realmente quería mejorar nuestro país. Parecía que, para él, la muerte de mi hermano había sido una terrible tragedia. Parecía que, para él, la gente que vivía en las plantaciones era más importante que las bananas.

Marito, Maya, y los estudiantes del club reciben una carta del presidente. El presidente invita los niños para hablar en frente de la Asamblea Legislativa. Ellos practican mucho para este evento. En su speech, Mario dije sobre la muerte de Ricardo y como su vida fue ~~muy~~ mas importante de dinero o la exportacion de bananas.

Epílogo

Las dos compañías fruteras más grandes todavía operan en América Central. En 1984 United Fruit cambió de nombre, y ahora se llama Chiquita. Standard Fruit también cambió de nombre, y ahora se llama Dole. Todavía cultivan frutas tropicales en América Central y en el Caribe, pero ahora tienen que respetar las leyes de los países donde operan.

En 1984, un grupo de costarricenses le hizo una demanda al gobierno de Costa Rica para que compensara a las víctimas por los problemas físicos que tenían como resultado de la contaminación. El gobierno les dijo que iban a tener que demandar a la compañía, pero... en Estados Unidos. Sin la ayuda de su gobierno en el proceso, las víctimas no recibieron lo que demandaron; solo recibieron un poco de dinero. Hay una lista con los nombres de los trabajadores afectados y también de los miembros de sus familias que sufrieron los efectos del Nemagón. Todos se preguntan si algún día recibirán la compensación que necesitan.

En 1986, Óscar Arias, el expresidente de Costa Rica, recibió un Premio Nobel. Él ayudó a restablecer la calma en varios países centroamericanos y mejorar las condiciones medioambientales.

Ahora, 'Marito', el hombre que inspiró esta historia, es un guía turístico en Costa Rica. Como parte de su trabajo, quiere educar a la gente de su país y a todos los turistas que lo visitan sobre la importancia de cuidar el medio ambiente.

Él también trabaja con una organización que cuida a los niños sin padres. Esta organización fue fundada para ayudar a los hijos de padres que murieron como resultado de los problemas en la plantación. Ahora también ayuda a los trabajadores migrantes que no pueden cuidar a sus hijos. Hay muchos trabajadores que regresan a sus países y dejan a sus hijos en Costa Rica para que tengan una vida mejor.

Glosario

A

a - at, to

abandonar - to abandon

abdomen - abdomen

abrí - I opened

abrió - s/he opened

abrir - to open

abrirla - to open it

abuela - grandmother

abuelos - grandparents

abundaban - (they) abounded

abusos - abuses

accidente - accident

(se) acercó - s/he approached

acrobáticos - acrobatic

además - besides, in addition

admiraba - I admired

adolescente - adolescent

adquirir - to acquire

adultos - adults

afecta - it affects

afectados - affected

afectó - it affected

(estaban) agarrados - (they were) hanging on

agárralos - grab them

agarramos - we grabbed

agarré - I grabbed

agarró - s/he grabbed

agua - water

ahora - now

aire - air

al - to the

alarmada - alarmed

alfabético - alphabetical

algún - some

algunas - some

algunos- some

(sin) aliento - (without) breath, with the wind knocked out of

amarillo - yellow

ambiental(es) - environmental

ambiente - environment

amigo(s) - friend(s)

amor - love

análisis - analysis

animadamente - animatedly

animal(es) - animal(s)

año(s) - year(s)

anormal - abnormal

antes - before

anticipando - anticipating

anunció - announced

aparatos - apparatus, devices

apareció - he appeared

apetito - appetite

aplaudir - to applaud

aplícate - apply yourself

APREFLOFAS (La Asociación Preservacionista de Flora y Fauna Silvestre) - The Conservation Association of Flora & Fauna

aquí - here

árbol(es) - tree(s)

áreas - areas

asamblea - assembly

así - so

asociación - association

aspectos - aspects

(los hubiera) atacado - (had) attacked (them)

atención - attention

atentamente - attentively

atrapaban - they were catching

atrapamos - we caught

atrapar - to catch

atrapaste - you caught

aunque - although

aventura - adventure

avión - plane

aviones - planes

ayuda - help

ayudaba - he helped

ayudar - to help

ayudarle - to help him

ayudarles - to help them

ayudarnos - to help us

(que) ayude - (that) s/he help

ayudó - s/he helped

B

(se) bajaba - he got down

(me) bajé - I got down

(se) bajó - he got down

balance - balance

bambú - bamboo

banana(s) - banana(s)

bananera(s) - banana *(adjective)*

bananos - banana trees
bebés - babies
beneficio - benefit
bestia - beast
bien - well
biólogo - biologist
bote - boat
brazo - arm
buscaba - she was looking for
buscar - to look for

C

cabeza - head
cable(s) - cable(s)
cafetería - cafeteria
calcular - to calculate
calma - calm
calmando - calming
calmarme - to calm myself
camarones - shrimp
cambiando - changing
cambio - change
cambió - it changed
caminamos - we walked
caminar - to walk
caminé - I walked

caminó - he walked
canadienses - Canadians
cañas de pescar - fishing poles
cáncer - cancer
capital - capital
capturar - to capture
Caribe - Caribbean
carro(s) - car(s)
carta - letter
casa(s) - house(s)
casi - almost
causa - cause
causado(s) - caused
causan - they cause
causarle - to cause him/her
causaron - they caused
causó - it caused
cavar - to dig
cavé - I dug
central - central
centro(s) - center(s)
centroamericanos - Central American
cerca - near, close
cerraba - I closed, was closing
cerrar - to close

cerró - s/he closed

chicos - boys

ciclo - cycle

ciegos - blind

ciertas - certain

círculo(s) - circle(s)

claramente - clearly

claro - clear

clase(s) - class(es)

clima - climate

clínica - clinic

(dibromo) cloro propano - Dibromochloro-propane ($C_3H_5Br_2Cl$), a pesticide

club(es) - club(s)

(se había) colapsado - (he had) collapsed

(me) colapsé - I collapsed

comentarios - comments

comer - to eat

comerlos - to eat them

comernos - to eat (us)

comida(s) - food(s)

(no hemos) comido - (we haven't) eaten

comiendo - eating

comiéndose - eating up

(en que no) comiéramos - (that we not) eat

comimos - we ate

comíamos - we ate

como - like, as

cómo - how

compañía - company

compañías - companies

compensación - compensation

(que) compensara - (that) it compensate

completamente - completely

(por) completo - complete(ly)

compuesto(s) - compound(s)

comunicar - to communicate

comunidad - community

comunidades - communities

con - with

concentrado - concentrated

concentrarme - to concentrate

concentrarnos - to concentrate

concéntrense - concentrate

conciencia - conscience

condición - condition

conectó - he connected

confía (en mí) - trust (me)

confiaba - I trusted

confianza - confidence

conflictos - conflicts

confundido - confused

congreso - congress

conmigo - with me

consecuencia - consequence

construir - to construct

construirla - to construct it

construyeron - they constructed

consumo - consumption

contacto - contact

contaminación - contamination; pollution

contaminada - contaminated

contaminados - contaminated

contaminaron - they contaminated

contenía - it contained

contento(s) - happy

contigo - with you

continúa - continue

continuaba - continued

continuamos - we continue

continuar - to continue

controlar - to control

convencer - to convince

convencerlos - to convince them

convulsionaba - he was convulsing

convulsionando - convulsing

convulsionar - to convulse

convulsiones - convulsions

copa (de un árbol) - top (of a tree)

correr - to run

corrí - I ran

corría - I ran; it was running

corriendo - running

corrimos - we ran

corruptos - corrupt

(no) costaban - they (didn't) cost

costarricense(s) - Costa Rican(s)

costo - cost

crac - crack

cuando - when

cuánto - how much

cuántos - how many

cuatro - four

cuida - it takes care of

cuidaba - she took care of

cuidaban - they took care of

cuidar - to take care of

cuidarme - to take care of me

culpa - fault

culpable - guilty

cultivan - they cultivate, grow

cultivar - to cultivate, grow

curiosidad - curiosity

D

de - from, of, about

debajo - under

decía - he said

decían - they said

decidió - s/he decided

decir - to say

decirle - to tell him

decirme - to tell me

dedicar - to dedicate

dedicaron - they dedicated

defectos - defects

defendernos - to defend us

deforestación - deforestation

deforestaron - they deforested

del - from the, of the

deliciosas - delicious

delicioso - delicious

delirando - delirious

demanda - demand

demandar - to demand

(que) demandaran - (that) they demand

demandaron - they demanded

derrame - spill

desaparecieron - they disappeared

desapareció - it disappeared

descendió - it descended; he descended

descontrolada - uncontrolled

desde - from

desperté - I woke up

despierto - awake

después - after

destruyen - they destroy

destruyendo - destroying

destruyeron - they destroyed

detrás - behind

día(s) - day(s)

dibromo cloro propano - Dibromochloropropane ($C_3H_5Br_2Cl$), a pesticide

diferente(s) - different

difícil - difficult

dificultad - difficulty

dije - I said

dijiste - you said

dijo - s/he said

dinero - money

diputados - legislators

distancia - distance

divorciando - divorcing

divorcio - divorce

(me) dolía - it hurt (me)

doliendo - hurting

dolores - aches

dónde - where

donde - where

dormí - I slept

dormir - to sleep

dormitorio - bedroom

dos - two

duele - it hurts

duermo - I sleep

durante - during

E

ecología - ecology

ecológico(s) - ecological

economías - economies

económico - economical

educar - to educate

efectos - effects

el - the

él - he

ella - she

ellos - they

emoción - emotion

empecé - I started

empezamos - we started

empezaron - they started

empezó - s/he started

empleados - employees

en - in

(me había) encontrado - (she had) found (me)

encontrar - to find; to encounter

energía - energy

(nos) enfermamos - we got sick

enfermando - getting sick

enfermedades - illnesses

enfermo - sick

enfrente de - in front of

enorme - enormous

(no) entendía - I didn't understand

enteros - whole

enterré - I buried

entiendes - you understand

entiendo - I understand

entonces - then

entraba - she was entering

(habían) entrado - (they had) entered

entraron - they entered

entró - s/he entered

entusiasmo - enthusiasm

envenenado(a) - poisoned

era - I was; s/he was

éramos - we were

eran - they were

eras - you were

eres - you are

erosión - erosion

(se) erosionaron - they eroded

es - it is; s/he is

esa - that

esas - thoses

(se me) escapaba - he escaped (from me)

(me he) escapado - (I have) escaped

escaparme - to escape

(la) escribía - I was writing (it)

escribir - to write

escribirla - to write it

escribirle - to write him

escribo - I write

(no) escuchaba - I (didn't) hear

escuchamos - we listened to

escuchar - to listen to

escuché - I heard

escuela(s) - school(s)

ese - that

eso - that

esos - those

especial - special

espero su respuesta - I await your reply

espías - spies

esposo - husband

esta - this

está - s/he, it is

estaba - s/he, it was

estábamos - we were

estaban - they were

establecer - to establish

Estados Unidos - United States

estamos - we are

están - they are

estar - to be

estaremos - we will be

estaría - he would be

estas - these

estás - you are

este - this

(que se) estén destruyendo - (that) they are destroying

esterilidad - sterility

estimado - esteemed

esto - this

estómago - stomach

estos - these

estoy - I am

estudiante(s) - student(s)

estudiar - to study

(que) estuviera - (that) he be

estuviste - you were

evidencia - evidence

excelente - excellent

exhausto - exhausted

exóticas - exotic

(te lo he) explicado - (I have) explained (it to you)

explicaron - they explained

(nos) explicó - he explained (to us)

explorar - to explore

explosión - explosion

explotar - to explode

exportación - export

expresidente - former president

expresión - expression

extinguir - extinguish

extra - extra

extraer - to extract, take out

F

familia(s) - family; families

(le) fascinaba - it fascinated (him)

fascinado(s) - fascinated

fauna - fauna, animal life

(por) favor - please

(por) fin - finally

finalmente - finally

fino - fine

firme - firm

físicos - physical

flora - flora, plant life

flotando - floating

formamos - we form

formar - to form

formaron - they formed

frecuentemente - frequently

frente - in front

fruta(s) - fruit(s)

(compañías) frutales - fruit
(companies)

frutera(s) - fruit *(adjective)*

fue - s/he went

(que yo) fuera - (that I) go

(como si) fuera - (as if) it
were

fui - I went

fuimos - we went

(fue) fundada - (was)
founded

fundadoras - founders

fundó - s/he founded

funeral - funeral

furia - fury

furioso(a) - furious

futuro - future

G

galones - gallons

gente - people

gobierno(s) - government(s)

graduarse - graduating

gran - great

grande(s) - big

gritó - s/he yelled

grupo - group

guía - guide

gusta - is pleasing to; likes it

gustaba - was pleasing to;
liked it

gustaban - were pleasing to;
liked them

gustan - are pleasing to;
likes them

gustar - to be pleasing to

gustaría - would please;
would like

H

ha - has

haber - to have

había - there was; there
were

había - I, s/hehad (+verb)

habíamos - we had (+ verb)

habían - they had (+ verb)

hábitats - habitats

habla - s/he talks, speaks

hablando - talking, speaking

hablar - to talk, to speak

hablaron - they talked; spoke

hablas - you talk; speak

(que yo) hable - (that I) talk; speak

(que) hablemos - (that we) talk; speak

(que) hablen - (that they) talk; speak

hacen - they do

hacer - to make; to do

hacerlo - to do it

hacerme (algunas preguntas) - to ask me some questions

hacerte (algunas preguntas) - to ask you some questions

hacia - toward

hacía - I did

haciendo - doing

hamaca - hammock

han - they have (+verb)

has notado - you have noticed

hasta - until

hay - there is; there are

he - I have (+verb)

hemorragias nasales - nose bleeds

hemos - we have

hermanas - sisters

hermanito - little brother

hermano - brother

hermano(s) - brothers; siblings

héroe - hero

hice - I made

(te) hicieron preguntas - they asked (you) questions

(no te) hicieron análisis - they (didn't) do an analysis (on you)

historia - history

hizo - s/he made

hola - hello

hombre - man

hombres - men

honesto - honest

horas - hours

horrible - horrible

hospital - hospital

(los) hubiera atacado - it had attacked them

hubo - there was

hueco - hole

humano - human

I

iba - I, s/he was going

íbamos - we were going

iban - they were going

idea - idea

ideal - ideal

ignorar - to ignore

iguana(s) - iguana(s)

ilusión - illusion

imaginar - to imagine

impactante - impactful

impacto - impact

(me) importaba - it mattered (to me); it was important (to me)

importancia - importance

importantes - important

imposible - impossible

impresionado - impressed

impresionar - to impress

inconcebible - inconceivable

increíble - incredible

increíblemente - incredibly

indígenas - indigenous

inestabilidad - instability

infraestructura - infrastructure

infrecuentes - infrequent

inhalar - to inhale

injustas - unjust

insectos - insects

insignificantes - insignificant

(no había) insistido - (hadn't I) insisted

inspirar - to inspire

instante - instant

inteligente - intelligent

(te) interesa - (are you) interested

interesados - interested

interesante - interesting

internas - internal

intervenir - to intervene

inusual - unusual

invento - invention

investigando - investigating

invitaban - they invited

(había) invitado - (s/he had) invited

ir - to go
irme - to leave
irresponsable - irresponsible

J

jaguar - jaguar
juegan - they play
jugaba - I played
jugábamos - we played
jugando - playing
jugar - to play
jugosos - juicy
junio - June
justicia - justice
justo - fair; just

K

kilómetros - kilometers

L

la - the
lado(s) - side(s)
laguna - lagoon
las - the
le - to him; for him
legislador(es) - legislator(s)
legislativa - legislative

les - to them; for them
levantamos - we got up; we raised
levantarme - to get up
(se) levantaron - they stood up
(me) levanté - I got up
(se) levantó - he got up
leyes - laws
línea - line
lista - list
llamar - call
(me) llamaron - they called (me)
(te) llamas - you're called; your name is
(me) llamo - my name is
llegamos - we arrived
llegar - to arrive
llegaron - they arrived
llegó - s/he arrived
lleguemos - we arrive
llevándose - taking
(me) llevaron - they took (me)
(nos) llevó - he took (us)
llorando - crying
llorar - to cry
lloré - I cried

lo - it; him

(habíamos) logrado - (we had) managed to

logramos - we managed to

lograr - to manage to

lograrlo - manage it

logré - I managed

los - the; them

M

madre - mother

maestra - teacher

mal - bad

mamá - mom

mami - mommy

mañana(s) - morning(s)

(muy de) mañana - very early in the morning

mango(s) - mango(s)

mano(s) - hand(s)

marinero - sailor

más - more

masacre - massacre

matando - killing

matar - to kill

matemáticas - math

mató - it killed

mayo - May

mayor - older

me - me

médico(s) - doctor(s)

medio ambiente - the environment

mejor(es) - better

mejorar - to improve

memorias - memories

memorizado - memorized

mencionaba - mentioned

mencionar - to mention

metal - metal

metro(s) - meter(s)

mi(s) - my

mí - me

micrófono - microphone

miedo - fear

miembro(s) - member(s)

mientras - while

migrantes - migrants

mínimo - minimum

minutos - minutes

mira - look

mirando - looking

mirar - to look

miraron - they looked

miré - I looked

miró - s/he looked

misterio - mystery

momento - moment

(se) moría - he died

morían - they died

motor - motor

mover - to move

movernos - move

movimientos - movements

movimos - we move

mucha(s) - a lot of; (many)

muchacha(s) - girl(s)

muchacho(s) - boy(s)

muchísimo - a whole lot

muchísimos(as) - a whole lot

mucho(s) - a lot of; (many)

muerte(s) - death(s)

(ha) muerto - died

muertos - dead

muriendo - dying

murieron - they died

murió - he died

murmuré - I murmured

murmuró - she murmured

muy - very

N

nacional - national

nada - nothing

nadie - no one

nariz - nose

(hemorragias) nasales - nosebleeds

natural - natural

náuseas - nausea

necesita - s/he needs

necesitaba - I needed; s/he needed

necesitábamos - we needed

necesitaban - they needed

necesitamos - we need

necesitan - they need

necesitar - to need

necesito - I need

negro - black

Nemagón - a pesticide used prior to 1980

nervioso(s) - nervous

ni - neither; nor

niño(s) - kid(s)

no - no; not

(Premio) Nobel - Nobel Prize

noche(s) - night(s)

nombre(s) - name(s)

normal(es) - normal

normalmente - normally

nos - to us; for us

nosotros - we

(has) notado - (have you) noticed

nuestra(s) - our

nuestro(s) - our

nunca - never

O

o - or

obedecer - to obey

observando - observing

observar - to observe

observé - I observed

observó - s/he observed

obvio - obvious

ocurriendo - occurring

ocurrió - it occurred

oficial(es) - official(s)

oficina - office

ofrecieron - they offered

ojos - eyes

opción - option

operan - they operate

operando - operating

oportunidad - opportunity

(en) orden - (in) order

organización - organization

orgulloso(a) - proud

otra(s) - other; another

otro(s) - other); another

P

padre(s) - father; parents

país - country

países - countries

palo(s) - stick(s)

pantalones - pants

pañuelo(s) desechable(s) - tissue(s)

papel(es) - paper(s)

paquete - package

para - for

paralizados - paralyzed

parece - it seems

parecía - it seemed

parecían - they seemed

parque - park

parte - part

(qué) pasa - what's happening

pasaban - they spent; they passed

pasado - passed

pasamos - we spent; we pass

pasando - passing

pasándome - passing me

pasar - to pass

pasarme - to pass me

pasaron - they spent; they passed

(le) pasé - I passed (him)

pasó - s/he passed; it passed

(qué) pasó - (what) happened

(hizo una) pausa - (she made) a pause; she paused

peces - fish (as creatures)

pensábamos - we thought

pensando - thinking

pensar - to think

(qué) pensaría - (what) would he think

pequeña - small

pequeño(s) - small

perfecto - perfect

pero - but

perrita - puppy

persona - person

personas - people

(ir de) pesca - go fishing

pescado - fish (as food)

pescador - fisherman

pescando - fishing

pescar - to fish

pesticida(s) - pesticide(s)

piel - skin

piensa - s/he thinks

pijama - pajamas

piñas - pineapples

planas - flat

plantación - plantation

plantaciones - plantations

plantar - to plant

pobres - poor

pobreza - poverty

(un) poco - (a) little

podemos - we can

poder - to be able to

podía - I could; he could

podíamos - we could

podían - they could

podría (haber muerto) - he could (have died)

políticos - political *(adjective)*; politicians *(noun)*

polvo - dust

popular - popular

popularidad - popularity

por - for; because of; around

porque - because

posesiones - possessions

posible - possible

posiblemente - possibly

potable - potable; drinkable

prácticas - practices

practiqué - I practiced

precio - price

precioso - precious

preferido - preferred

pregunta(s) - question(s)

preguntan - they ask

preguntarle - to ask him

preguntaron - they asked

pregunté - I asked

preguntitas - little questions

preguntó - s/he asked

Premio Nobel - Nobel Prize

preocupados - worried

(no te) preocupes - (don't) worry

preparaba - s/he prepared

(estaba) preparado - (I was) prepared

(me) preparé - I prepared

(se) presentó - she introduced herself

presidencial - presidential

presidente(s) - president(s)

presión - pressure

primer(a) - first

privadas - private

probablemente - probably

problema(s) - problem(s)

proceso - process

programa - program

prohibidos - prohibited

prometedores - promising

prometes - you promise

prometo - I promise

(dibromo cloro) propano - Dibromochloropropane ($C_3H_5Br_2Cl$), a pesticide

propio(a) - own

proteger - to protect

protegerlo - to protect it

protegía - it protected

(que) protejan - (that) they protect

protestar - to protest

provincia - province
proyecto - project
pude - I could
pudiera - it could; I could
pudimos - we could
puede - s/he can
pueden - they can
puedes - you can
puedo - I can
puerta - door
pupitre(s) - student desk(s)

Q

que - that
qué - what
queremos - we want
querer - to want
quería - I wanted; s/he wanted
queríamos - we wanted
querían - they wanted
queridas - dear
querido - dear
quién(es) - who; whom
(que) quieras - (that) you want
quiere - s/he wants
quieren - they want

quieres - you want
quiero - I want
químico(s) - chemical
quise - I wanted

R

rápido(a) - rapid, fast
(tenía) razón - s/he was right
(tiene) razón - he is right
reacción - reaction
realidad - reality
realmente - really
(ha) recibido - (s/he has) received
(había) recibido - (s/he had) received
recibieron - they received
recibimos - we received
recibir - to receive
recomendó - s/he recommended
recuerda - s/he remembers
(no) recuerdo - (I don't) remember
recuperarme - to recover
recuperarnos - to recover
reflexionar - to reflect
reformas - reforms

refrigeración - refrigeration

región - region

(habían) regresado - (they had) returned

regresamos - we return

regresar - to return

regresen - return

regresó - s/he returned

(el) regreso - (the) return

(me) reí - I laughed

(de) repente - suddenly

representante(s) - representatives

repúblicas - republics

residentes - residents

respetar - to respect

(que) respeten - (that) they respect

respira - breathe

respirando - breathing

respirar - to breath

respiratorios - respiratory; breathing *(adjective)*

responder - to respond

respondí - I responded

respondió - s/he responded

respuesta - answer

restaurante - restaurant

(nos) reunimos - we met

reunión - meeting

riéndose - laughing

río(s) - river(s)

robaron - they stole

rojos - red

S

sabe - he knows

sabemos - we know

saber - to know

sabía - I knew; s/he knew

sabíamos - we knew

sabían - they knew

sacrificio - sacrifice

salía - he left; it was coming out

salíamos - we left

salieron - they left

salió - s/he left

salir - to leave

saliva - saliva

salón - the classroom

sangrando - bleeding

sangre - blood

satisfacer - to satisfy

sé - I know

(que) sean - that they are

señor - sir; Mr.

señor(es) - (ladies) and gentlemen

(nos) sentábamos - we were sitting

sentados - seated

(nos) sentamos - we sat

sentarme - to sit

(me) senté - I sat

sentí - I felt

(me) sentía - I felt

(se) sentó - s/he sat

sepárense - separate; move away

ser - to be

serias - serious

servían - they served

severa - severe

severo(s) - severe

si - if

sí - yes

(había) sido - (it had) been

siempre - always

sientes - you feel

siento - I feel

significaba - it meant

silenciosamente - silently

simpatía - sympathy

simple(s) - simple

sin - without

síntomas - symptoms

sitio(s) - site(s)

situación - situation

sobre - about

solo - only

solo(s) - alone

somos - we are

son - they are

sonreí - I smiled

sonrió - he smiled

sonrisa - smile

soy - I am

su(s) - his; her; their

(se) subía - he climbed

(se) subió - he climbed

subir - to climb

subirme - to climb

subirse - to climb

suelo - ground

sufren - they suffer

sufriendo - suffering

sufrieron - they suffered

sufrimiento - suffering

sufrió - he suffered

supermercado(s) - super-market(s)

sur - south

T

también - also, too

tampoco - either; neither

tan - so

tanta - so much

tanto como - as much as

tantos - so much

tarde - late

tenemos - we have

tener - to have

(no) tengas (miedo) - don't be afraid

(para que) tengan - (in order for them) to have

tengo - I have

tenía - I had; s/he had

teníamos - we had

tenían - they had

terrible - terrible

territorio - territory

territorios - territories

ti - you

tiempo - time

tiempo completo - full time

tiene - s/he has

tienen - they have

tienes - you have

tirarme - to throw to me

tiré - I threw, tossed

tocó - she touched

toda(s) - all

todavía - still

todo(s) - all; every; everything; everyone

tomó - s/he took

trabajaba - s/he worked

trabajaban - they worked

trabajadores - workers

trabajan - they work

trabajar - to work

trabajen - work

trabajo - job

tragedia - tragedy

transportamos - we transport

transportar - to transport

trataba - I tried; she tried

(habíamos) tratado - (we had) tried

tratando - trying

traté - I tried

tren - train

tres - three
triste - sad
tropical(es) - tropical
tú - you
tu(s) - your
turistas - tourists
turístico - touristic
tuve - I had
tuvieron - they had
tuvimos - we had
tuvo - s/he had

U

un(a) - a; one
unas - some; a few
uno(s) - some
usa - use
usaba - he was using
usan - they use
usando - using
usar - to use
usarlos - to use them
usaron - they used
ustedes - you (pl.)

V

va - s/he goes

vale - it is worth
valía - it was worth
valle - valley
valor - value
vamos - we go
van - they go
varios(as) - various
vas - you go
(a) veces - (some)times
vecindario - neighborhood
vecinos - neighbors
veía - I saw
vemos - we see
ven - they see
ver - to see
¿verdad? - right?
verdad - true
(la) verdad - (the) truth
verlos - to see them
vez - time
vi - I saw
viajando - traveling
víctimas - victims
vida - life
vidas - lives
vieron - they saw
vimos - we saw

vio - s/he saw

violentamente - violently

visita - visit

visitan - they visit

visitar - to visit

visitaron - they visited

visitó - s/he visited

(ya han) visto - (you have already) seen

vive - s/he lives

vivía - I lived; s/he lived

vivíamos - we lived

vivían - they lived

vivimos - we live

vivir - to live

voluntarios - volunteers

vomitando - vomiting

vomitar - to vomit

vomité - I vomited

vómito - vomit

voy - I go

voz - voice

Y

y - and

ya - already

yo - I